PRONOMBRES

PRONOMBRES

Poemas

Álvaro Mercado

Número de Control de la Biblioteca del Congreso de EE. UU.:   2019903787
ISBN: Tapa Dura   978-1-5065-2864-9
                    Tapa Blanda   978-1-5065-2866-3
                    Libro Electrónico   978-1-5065-2865-6

Información de la imprenta disponible en la última página.

Fecha de revisión: 02/04/2019

Para realizar pedidos de este libro, contacte con:
Palibrio
1663 Liberty Drive, Suite 200
Bloomington, IN 47403
Gratis desde EE. UU. al 877.407.5847
Gratis desde México al 01.800.288.2243
Gratis desde España al 900.866.949
Desde otro país al +1.812.671.9757
Fax: 01.812.355.1576
ventas@palibrio.com
795016

ÍNDICE

POESÍA ROMÁNTICA

POESÍA FILOSÓFICA

POESÍA RELIGIOSA

Para Ella, sí, para ti, sí, tú, eres tú;
gracias por enseñarme el amor a
través del dolor.

PRÓLOGO

Alguna vez alguien me preguntó: ¿Por qué hablas tanto del amor? -Posiblemente porque carezco de Él o está en todos lados y no me doy cuenta, -le contesté. Pues bien el amor, nos guste o no, es la fuerza que mueve al mundo. Aunque finjamos que no nos importa, aunque digamos que no es importante, sabemos muy bien que sí lo es. ¿Pero en realidad qué es el amor? ¿Algo que perdimos o algo que buscamos? Quevedo diría: <<Es una libertad encarcelada/enfermedad que crece si es curada>>. De manera más didáctica, Octavio Paz afirmaría: <<El amor se da siempre como el reconocimiento de que hay una persona única y que esa persona única es libre de amarnos o no amarnos>>. Así pues, oír, leer o escribir poesía es una manera de entender el amor. "Pronombres" es una proximidad al amor, no es la definición del amor, sino una vereda para llegar a Él.

Al que ingrato me deja, busco amante;
al que amante me sigue, dejo ingrata;
constante adoro a quien mi amor maltrata;
maltrato a quien mi amor busca constante.

Sor Juana Inés de la Cruz

Se entró de tarde en el río,
la sacó muerta el doctor;
dicen que murió de frío,
yo sé que murió de amor.

José Martí

Es tan corto el amor,
y es tan largo el olvido.

Pablo Neruda

Me consumo en mi fuego,
¡Señor, piedad, piedad!
De amor me estoy muriendo,
¡Pero no puedo amar!

Alfonsina Storni

Dime, amigo: ¿la vida
es triste, o soy triste yo?

Amado Nervo

Mientras exista una mujer
hermosa, ¡habrá poesía!

Gustavo Adolfo Bécquer

Poesía Romántica

LA POESÍA NO ES MÍA

La poesía no es mía;
es de todos o de nadie.

Alguien más me la dictó:
¿Fue el destino, fue el amor?
¿Fue mi musa o el dolor?

La poesía no es mía;
es de todos o de nadie.

¿Qué me inspira?
El misterio, una flor,
la tristeza, mi dolor.

La poesía no es mía;
es de todos o de nadie.

NO SOY POETA

No soy poeta pero amo la poesía,
pues aprendí a verte en ella cada día;
estás en el vuelo de la paloma,
en la brisa, como en la aurora.

No soy poeta pera amo la poesía,
pues aprendí a verte en ella cada día;
estás en la mañana, tarde y noche,
aunque otra me lo reproche.

No soy poeta pero amo la poesía,
pues aprendí a verte en ella cada día;
estás en mi mente, cuerpo y alma,
en la sonrisa del niño y en su calma.

No soy poeta pero amo la poesía,
pues aprendí a verte en ella cada día.

NO TE PERDÍ DEL TODO

No te sorprenda saber
que no te perdí del todo;
estás en la ausencia,
la pena y en mi decoro.

Estás en la tristeza,
estás en la soledad,
estás en la nostalgia,
y en la brisa del mar.

No te sorprenda saber
que no te perdí del todo;
estás en mi alma y
versos, de algún modo.

TÚ ME PREGUNTASTE

Tú me preguntaste:
-¿ya la olvidaste?
Yo te contesté:
-puede ser.

Tú duda me sorprendió,
no te supe contestar,
más ahora que medito,
te respondí sin pensar.

Tu pregunta fue un insulto,
a mi manera de amar,
mas ahora te pregunto:
¿qué quieres escuchar?

Si nuestra relación depende
de la respuesta que te dé,
con tranquilidad te digo:
-puede ser.

Tú me preguntaste:
-¿ya la olvidaste?
Yo te contesté:
-puede ser

NO TE COMPARES

No te compares mi amor,
ni mucho menos con ella,
tú eres mi astro mayor,
ella, una lejana estrella.

Tú eres mi luna hermosa,
bella como una rosa;
ella, fue dulce aroma,
tenue como la aurora.

Tú eres mi noche azul,
ella, recuerdo de baúl;
tú eres mi día brillante,
ella, pequeño diamante.

No te compares mi amor,
ni mucho menos con ella,
tú eres mi astro mayor,
ella, una lejana estrella.

INTERROGANDO AL AMOR

Amor, ¿eres pregunta o deseo?
¿Cuál es tu verdadero rostro?
Pues si te pienso te alejas
y si te siento llegas pronto.

Amor, eterno dilema creaste,
dime: ¿qué has hecho de mí?
¿Un ser que siente el pensar?
¿O un ser que piensa el sentir?

Amor, ¿cuál es tu esencia?
¿Por qué me confundes tanto?
Dame la verdad de tu espejo,
para no derramar mi llanto.

Amor, ¿me revelarás el secreto
o seguirás con el enigma fatuo?
Apiádate de mí que el sentir
y el pensar discuten a cada rato.

A VECES

A veces te siento tan cerca,
tan íntima, tan mía,
y a veces te siento
lejos, distante y sombría.

A veces te siento feliz,
con mucha alegría,
y a veces te siento triste,
distraída y falsía.

A veces pienso alejarme,
borrarte de mi vida,
más en el fondo no sé
si mi corazón resistiría.

Amor, qué debo hacer
ante el dilema:
¿Unirme a su pasión o
ser esclavo de ella?

VALENTÍA

Dime tu verdad
y te diré la mía,
prometo escuchar,
por favor confía.

No temas lastimar
con tu verdad hiriente,
la mentira que callas
es lo que más ofende.

Desnuda tu pecho,
sacúdete el alma,
encuentra palabras
sin prisa y con calma.

Estoy resignado
a oír la verdad,
prefiero el dolor
que la falsedad.

Estaré tranquilo
con tu proceder,
si no sientes lo mismo
lo sabré entender.

Interpretaré tu silencio
como verdad callada,
soy fuerte al despecho
de tu frente inclinada.

No derrames lágrimas
por el amor que se fue,
no te sientas culpable
me pasó a mí también.

LA MAR Y YO

Tú la mar, yo una triste ola,
tú la mar, yo una linda gaviota,
tú la mar, yo un pez perdido,
tú la mar, yo un pequeño río,
Tú la mar, yo un rayo de sol,
tú la mar, yo solo y mi amor.

TÚ TE FUISTE

Tú te fuiste, tu recuerdo no,
tú te fuiste, tu mirada no,
tú te fuiste, tu aroma no,
tú te fuiste, mi sentir no.

Llegó ella, tú te quedaste,
llegó ella, no te ausentaste,
llegó ella, tú te aferraste,
llegó ella, tú me olvidaste.

¿Qué cosa es el amor?
¿Algo que buscamos,
o algo que perdimos?

¿Qué será el amor?

PACTO AMOROSO

Mujer...
Tú encierras belleza
y abres el mundo.
Mujer...
Tú sanas la herida
y abres otras.
Mujer...
Tú buscas verdad
y pereces en ella.
Hombre...
Tú quieres amor,
y recibes dolor.
Hombre...
Tú buscas ternura
y recibes locura.
Hombre...
Recuerda esto:
sin o con ellas
estamos perdidos;
Amémoslas y así
seremos,
feliz un poco.

NO ME PREGUNTES

No me preguntes,
no busques explicación,
sólo mira el pecado
reflejado en mi rostro
como sarna de perro
como lama hedionda.

No me preguntes,
sólo recuerda que
un día fue bueno;
ahora deseo ahogarme
en el mar mundano
y sentirme más humano,
aunque también, me
sienta más miserable.

PENETRACIÓN

La vez primera entré en ti
a través de la mirada,
la segunda,
a través del alma.

La vez tercera entré en ti
a través del tacto,
la cuarta,
a través del acto.

La vez quinta entré en ti
a través del amor,
la sexta,
a través del dolor.

La vez séptima entré en ti
a través del adiós,
la octava,
a través del rencor.

La vez novena entré en ti
a través del recuerdo,
la decima,
a través del misterio.

Hoy, a través del
tiempo me cuestiono:
¿Cuál penetración será
la que más añoro?

MUJER TU POSEES SEXO POR TODAS PARTES

Mujer tu posees
sexo por todas partes:
me miras y entro en ti,
me oyes y entro en ti,
me tocas y entro en ti,
me respiras y entro en ti,
me piensas y entro en ti,
me sientes y entro en ti,
me recuerdas y entro en ti,
una pregunta mujer:
¿el recuerdo tiene sexo?

PECADO

Señor, me mandaste el pecado
y bien sabías que era humano;
esta pasión innata me controló,
y no me ayudaste con mi dolor.

Señor, me mandaste el pecado
y bien sabías que era humano;
esta mujer divina y sus encantos,
es la triste causa de tus espantos.

Señor me mandaste el pecado
y bien sabías que era humano;
este dolor inmenso es lo que siento
pero presiento que estoy contento.

Señor, me mandaste el pecado
y bien sabías que era humano.

TRAICIÓN

Mujer, perdóname la traición,
fui víctima de la emoción;
su cuerpo claro y perfecto
fue la causa de mi defecto.

Mujer, perdóname la traición,
fui víctima de la emoción;
su voz dulce y melodiosa
hízome verla como una diosa.

Mujer, perdóname la traición,
fui víctima de la emoción;
sus senos firmes y castos
fueron la culpa de mis fracasos.

Mujer, perdóname la traición,
fui víctima de la emoción.

PRONOMBRES

Yo desaparecí de ti,
tú te perdiste en él,
ella piensa en mí
y usted es fiel.
Nosotros perdimos el amor
vosotros no comprendéis
ustedes sufren el dolor
ellos y ellas también.

TÚ ME DIJISTE ADIÓS

Tú me dijiste adiós, ella me levantó,
tú me dijiste adiós, ella mi amor curó;
tu mirada, tu semblante y tu silencio,
eran formas de mi futuro tormento.

Tú me dijiste adiós, ella me levantó,
tú me dijiste adiós, ella mi amor curó;
tu boca trémula y el llanto en tus ojos,
eran señales de un final espantoso.

Tú me dijiste adiós, ella me levantó,
tú me dijiste adiós, ella mi amor curó;
-ya no siento lo mismo- fue la frase,
y ahí supe que tú cambiaste.

Tú me dijiste adiós, ella me levantó,
tú me dijiste adiós, ella mi amor curó;
llegó mi musa, me dio su tiempo,
sanó la herida y mi lamento.

Tú me dijiste adiós, ella me levantó,
tú me dijiste adiós, ella mi amor curó.

TE MIRÉ DESNUDA

Te miré desnuda y todo cambió,
mi mundo entero se llenó de amor;
tu piel suave, tierna y delicada,
unida a la mía junto a la almohada.

Te miré desnuda y todo cambió,
mi mundo entero se llenó de amor;
besé tu frente, tu hermoso cuello,
luego tus senos; perdimos el miedo.

Te miré desnuda y todo cambió,
mi mundo entero se llenó de amor;
entre en ti hasta lo más profundo,
juntos vivimos un nuevo mundo.

Te miré desnuda y todo cambió,
mi mundo entero se llenó de amor;
noté tu mirada, te miré satisfecha,
juntos anotamos la siguiente fecha.

Te miré desnuda y todo cambió,
mi mundo enteró se llenó de amor.

AMOR Y SEXO

Hablo de amor y entiendes sexo,
te pido ilusión y quieres cuerpo;
el amor es vida y razón de ser,
tu sexo: mentira y puro placer.

Hablo de amor y entiendes sexo,
te pido ilusión y quieres cuerpo;
mi amor es fe y una Verdad,
tu sexo: ignorancia y falsedad.

Hablo de amor y entiendes sexo,
te pido ilusión y quieres cuerpo;
amor es unión y compromiso,
y tú quieres que sea promiscuo.

Hablo de amor y entiendes sexo,
te pido ilusión y quieres cuerpo.

AY, DIOS SANTO

Ay, Dios Santo, me
estoy enamorando

Amiga, perdona la imprudencia
pero es urgencia, terminar con la
inocencia y en tu presencia, sin
modestia, evitando negligencia
te confieso mi amor por ti.

Ay, Dios Santo, me
estoy enamorando

Amiga, no sé qué pasó,
pero es atroz, callarme mi
pasión y este amor u
obsesión, sin solución,
me mata por dentro.

Ay, Dios Santo, me
estoy enamorando

Amiga, sois testiga, de esta
espina y en este día, en mi
confía, no es falsía, ni
mentira lo que por ti hoy
siento.

Ay, Dios Santo, me
estoy enamorando

PERDÓN

Aquí en tu tumba
te pido perdón,
disculpa mujer
me brotó el amor.

Fui fiel al recuerdo
a través de los años,
pero un nuevo amor
ha sanado el daño.

Juré no olvidarte,
y amarte siempre,
pero su dulce mirada
la tengo en mi mente.

Espero comprendas,
no guardes rencor,
el sentimiento es lindo,
creo que es amor.

Dime que hago
con este sentir,
reprimirlo fuerte,
o dejarlo vivir.

Te soy sincero
frente a tu tumba,
empiezo a quererla
sin sentir culpa.

Me despido de ti
con mirada triste,
es mucho el dolor
desde que te fuiste.

No culpes a ella
de mi decisión,
si hay un culpable
será el corazón.

UNA ROSA BLANCA

Mirando esta rosa blanca
se me vino la nostalgia;
mirando esta rosa blanca
escribí esta triste carta.

Amor, han pasado los años
y sigues presente en mí,
tengo fijo el recuerdo
desde el día que partí.

Yo no quería marcharme
ni menos abandonarte,
emigré a otras tierras,
más nunca dejé de amarte.

En estas tierras lejanas
conocí a alguien más,
busqué cariño y ternura
pero no sabe amar.

Mirando esta rosa blanca
se me vino la nostalgia;
mirando esta rosa blanca
escribí esta triste carta.

A veces me pregunto
qué habrá sido de ti,
si guardas el recuerdo
del momento que partí.

En estas tierras lejanas
brindo por tu recuerdo,
sigues presente en mí
como antes en el pueblo.

Por el amor que te tuve
deseo que seas feliz,
sé que sientes lo mismo
desde el día que partí.

Mirando esta rosa blanca
se me vino la nostalgia;
mirando esta rosa blanca
escribí esta triste carta.

NO CONFUNDAS POEMA CON POESÍA

No confundas poema
con poesía, niña mía.

No confundas poema
con poesía, niña mía;
para que entiendas
eh aquí la analogía.

El poema es una simple flor,
la poesía: pétalos del corazón;
el poema es un libro abierto,
la poesía: versos en suspenso.

El poema es una noche oscura,
la poesía: una brillante luna;
el poema es un día lluvioso,
la poesía: sol esplendoroso.

El poema es un río pequeño,
la poesía: el mar sereno;
el poema es un árbol viejo,
la poesía: flor en crecimiento.

No confundas poema
con poesía, niña mía.

TÚ LA LUNA, YO EL SOL

Tú la luna, yo el sol,
perfecta combinación.

Tú eres luna misteriosa,
yo soy sol quemador;
tú encierras la belleza,
yo despierto el calor.

Tú eres luna enigmática,
yo soy sol conquistador;
tú guardas los secretos,
yo despierto el calor.

Tú eres luna hechicera,
yo soy sol abrumador;
tú creas los encantos,
yo despierto el calor.

Tú la luna, yo el sol,
perfecta combinación.

SI EMPIEZAS A AMARME

Si empiezas amarme
no preguntes mi pasado,
quizás te compararías,
con mujeres que he amado.

Si empiezas amarme
no dudes de mi cariño,
pues éste es noble y puro
como la mirada de un niño.

Si empiezas amarme
ten fe y esperanza en mí,
tú has sanado mi herida
el día que te conocí.

Si empiezas amarme
ten paciencia mi amor,
tú eres la bella rosa
que curó mi dolor.

Si empiezas amarme
no preguntes mi pasado,
podrías revivir, de lo
que un día fui esclavo.

Si empiezas amarme
no. . .

SEMI-PLAGIO BECQUERIANO

No me preguntes que es poesía
cuando clavas la mirada en la mía;
y tu aliento toca el viento
y se transforma en sentimiento.

No me preguntes que es poesía
cuando acaricias la mejilla mía;
y tu piel toca el cuerpo
y se transforma en sentimiento.

No me preguntes que es poesía
cuando las almas en armonía;
y mis labios y los tuyos piden beso
y se transforma en sentimiento.

Y tú me preguntas que es poesía,
poesía eres tú... Es compañía.

¿QUÉ NO LO NOTAS AMOR?

¿Qué no lo notas amor?
Estamos creciendo aparte;
empiezo a sentir el dolor,
estoy dejando de amarte.

No preguntes que pasó,
ni yo mismo lo sé;
el sentimiento cambió,
muy dentro de mi ser.

Fue el tiempo, fue costumbre;
siento escalofrío;
antes, eras lumbre;
hoy, muero de frío.

¿Por qué no me ayudaste
a reconocer esta verdad?
¿O tú también lo pensaste
y te daba igual?

¿Qué no lo notas amor?
Estamos creciendo aparte.

POEMA ERÓTICO

Quiero tenerte desnuda,
plena como la luna;
quiero meterme fuerte,
como niño en el vientre.

Quiero besarte toda,
a un lado de tu alcoba;
quiero ver tu mirada,
acariciando tu espalda.

Quiero sentirte plena,
en esta noche serena;
quiero que mires mi cuerpo
reflejado en el espejo.

Quiero hacerte mujer
lo que nunca has vivido;
meterme dentro de ti
como ave en su nido.

Quiero venirme en ti,
como pez en el agua;
quiero venirme en ti
despacito y sin calma.

PEQUEMOS

Invítame a pecar,
hoy me siento solo,
me han dejado de amar,
quiero contigo de algún modo.

PREGUNTAS

¿Qué fue de tu amor?
¿Habrá muerto o
tan sólo cambió de lugar?

PREGUNTA

¿Alguien sabe que pasa
cuando muere el amor?

PREGUNTA

*¿Si el amor muere podrá
resucitar como un Lázaro?*

PREGUNTA

¿Si ella piensa en mí estando
con otro, lo traiciona a él,
se traiciona a sí misma,
y por ende traiciona al amor?

PREGUNTA

¿Si piensas en alguien más
lo sigues amando; sólo
es un recuerdo; te sientes solo;
o nunca cerraste el ciclo?

NATURALEZA ENAMORADA

Todo me recuerda a ti:
la linda golondrina,
sus nidos en la vitrina,
el hermoso colibrí.

Todo me recuerda a ti:
la bella ola marina,
la marea en la bahía,
el misterioso delfín.

Todo me recuerda a ti:
las flores en crecimiento,
las nubes, el sol, el viento,
las plantas del jardín.

Todo me recuerda a ti:
el olor a tierra mojada,
la lejanía de la montaña,
y los versos de Martí.

FUTBOL SEXUAL

Si jugaras futbol,
yo te haría el amor;
tú fueras la defensa,
metería yo el gol.

Si jugaras futbol,
yo te haría el amor;
tú fueras la portera,
metería yo el gol.

Si jugaras futbol,
yo te haría el amor;
tú fueras la pelota,
metería yo el gol.

Si jugaras futbol,
tú fueras la portería;
yo te haría el amor,
el resto de mi vida.

LA POESIA Y TÚ

Es imposible leer,
no me puedo concentrar,
apenas abro el libro,
apareces tú al azar.

Vives en Pablo Neruda,
también en Octavio Paz,
apareces en Cernuda,
y terminas en Mistral.

Me refugió en García Lorca,
vuelves tú a aparecer,
versos de Montes de Oca,
me hacen padecer.

Releyendo a Martí,
apareces sin querer,
sigo preso en ti,
y en los versos de Baudelaire.

El sentir de Ibarbourou,
refleja tu linda imagen,
no sé que pienses tú,
de Alfonsina, la mártir.

La Paz de Amado Nervo,
es lo que estoy buscando,
apareces tú de nuevo,
en poemas de Ocampo.

En versos de Bécquer,
te encuentro mi Amor,
yo sólo sé quererte,
leyendo a Campoamor.

En poemas de Sor Juana,
buscaré filosofía,
mi corazón te ama,
desea sabiduría.

Hagamos un trato,
para sanar este dolor,
cerremos el pacto,
citando versos de amor.

EL AMOR Y SU AMOR

Si me obligan a escoger
entre su amor y el Amor,
escojo el Amor
y no su amor.

El Amor da paz,
su amor, el mal;
el Amor da alegría,
su amor, hipocresía.

El Amor da esperanza,
su amor venganza;
el Amor me da amor,
su amor dolor.

Deseo el Amor
y no su amor.

HOY NO QUIERO SABER

Hoy no quiero saber de nada,
ni de nadie, sino saber de ti;
¿Te perdiste en el tiempo?
¿O el tiempo se perdió en mí?

Hoy no quiero saber de nada,
ni de nadie, sino saber de ti;
tú y el tiempo se perdieron,
el triste día que partí.

Hoy quiero saber de ti...

DESDEPIDA VOCÁLICA

Adiós...
Entiende...
Intenta...
Oírme...
Urgente...

AMOR MATEMÁTICO

Tú y yo = amor
Tú y él = dolor
Yo > él
Ella < tú
Yo x ti = puro amor
Tú x él = pura ilusión
Ella x mí = puro recuerdo
Él x ti = puro deseo
Ella // ti
Él // a mí = ?
Mi amor x ti = 100% sincero
Tu amor x mí = 100% encero
Su amor x mí = 100% nostalgia
Su amor x ti = 100% arrogancia
Yo ∞ te amaré
Tú ∞ me borraste
Yo ∞ viviré en su recuerdo
Tú ∞ vivirás en su deseo

MIRADAS

Si tú me miras, yo me vuelvo otro;
por eso, escoge bien
tú mirada, para que
no me confundas un poco.
De esa mirada, más bien, del brillo
de ella, dependerá mi destino;
más bien el nuestro.

CANSANCIO

A veces me canso de ser bueno,
voy por la vida regalándome
a todos; y en vez de encontrar
amistad, encuentro odio.

DIME QUE DEBO DE HACER

Como pedirte que me ames
si estás ausente de ti misma,
como pedirte que me ames
si tienes miedo de abrir la herida.

Dime que debo de hacer
para que me vuelvas amar,
¿esperar pacientemente
y no volverte a lastimar?

Siento que tienes miedo
a volverlo a intentar
te prometo ayudarte
empecemos a dialogar.

No pienses en el pasado,
de nada sirve recordar,
dejémoslo a un lado,
empecémonos amar

Dime que debo de hacer
para que me vuelvas amar

DEL AMOR NO ESPERO NADA

Del amor no espero nada
pero espero todo,
y así tiene que ser
de algún modo.

Cuando lo busco me evade,
cuando lo ignoro aparece,
cundo lo siento me invade
cuando lo pienso decrece.

Del amor no espero nada
pero espero todo.

HOY QUIERO SENTIRTE PLENA

Hoy quiero sentirte plena,
mirarte,
tocarte,
acariciarte,
besarte
y entrar en ti.
Hoy quiero sentirte plena
para poder vivir.

UN DIA AMÉ SIN HABER AMADO

Un día amé sin haber amado,
yo no sabía, no había madurado;
un día amé sin haber amado,
estaba con ella, mas no a su lado.

Ojalá me perdone, no fue mi culpa
era muy joven, pagué la multa.

Un día amé sin haber amado
yo no sabía, no había madurado.

MI PRIMERA ILUSIÓN

Ella fue mi primera ilusión
mi dicha grande, mi primer amor;
juntos vivimos un lindo romance
de miradas tiernas y porte elegante.

De tez blanca, de mirada verde,
sus trenza de oro, de vestido breve;
sus bellas risas, su dulce voz,
ella fue, mi primer amor.

SI VAMOS A PECAR

Si vamos a pecar
pequemos con todo,
nada a la mitad
llenémonos de lodo.

A VECES ME PREGUNTO

A veces me pregunto
qué habrá sido de ti,
si piensas mucho
o un poco en mí.

A veces me pregunto
qué estarás haciendo,
si buscas mi nombre
al sentir el viento.

A veces me pregunto
qué piensas de mí
si me recuerdas tanto,
como yo a ti.

A veces me pregunto...

UN VERDADERO HOMBRE

Un verdadero hombre,
no mancha el nombre,
de aquella que un día amó;
aunque ella se halla ido,
pues es libre albedrío,
sentir con el corazón.

Un verdadero hombre,
no mancha el nombre,
de aquella que un día amó,
pues es normal y natural,
dejar de amar,
y sufrir el dolor.

LA POBREZA Y TÚ

Conociste la pobreza
por eso te amo,
sabes de carencias
y estás a mi lado.

Eres de humilde cuna,
eso es de gran valor,
bellos sentimientos,
guarda tu corazón.

Es una gran dicha
vivir contigo,
amo tu sencillez,
como algo divino.

No exiges lujos,
ni nada material,
tener tu cariño
es tan especial.

Conociste la pobreza
por eso te amo.

¿QUÉ HA SIDO DE TI?

¿Qué ha sido de ti?
¿Estarás contenta?
¿Vivirás satisfecha?
¿O anhelas tu fin?

¿Qué ha sido de ti?
¿Estarás realizada?
¿Vivirás enamorada?
¿O anhelas tu fin?

¿Qué ha sido de ti?
¿Estarás rosagrande?
¿Vivirás triunfante?
¿O anhelas tu fin?

¿Qué ha sido de ti?

BUSCABA A OTRA

Buscaba a otra
y apareciste tú,
besé tu boca
bajo el cielo azul.

Buscaba a otra
y apareciste tú,
te quite la ropa,
viví el revolú.

Buscaba a otra
y apareciste tú,
eres ya mi sombra
de verde pirul.

SI VOLVIERA A VERTE

Si volviera a verte
robaríate un beso,
apretaríate fuerte
Junto a mi pecho.

Si volviera a verte
te haría el amor,
pegaríame fuerte
a tu corazón.

Si volviera a verte
no me arrepentiría,
desearías tenerme
de noche y de día.

¿QUIERES SABER POR QUÉ TE RECUERDO?

¿Quieres saber por qué te recuerdo?
Porque todo tu amor fue ameno;
¿quieres saber por qué te extraño?
Porque sigues plena a mi lado.

Te fuiste, mas no te marchaste,
te fuiste, mas no te ausentaste,
¿Quieres saber por qué te recuerdo?
Porque tu amor me hizo bueno.

Poesía Filosófica

CELOS

Enemigo lindo,
amigo cruel,
padre autoritario,
abuelo sin sabiduría,
padrastro con máscara
de bondad.
Celos, no me ahogaré
en tu espejo, aunque
ella crea que me miro
hermoso.

SOLEDAD

Soledad, eres tan mía;
eres mía, solo mía, ya no
te perteneces ni a ti misma.
Existes porque te pienso,
nada más.
En tu secreto encuentro
los espejos rotos
del silencio agónico.
De tu vientre nace el
dolor con una fuerza
viva. Dentro de ti crecí
para ser otro mejor
del que antes fui.

SILENCIO

Escuela de la verdad,
hijo de la ausencia,
hermano tranquilo,
novio del deseo,
amante de la nostalgia.
Silencio, amo tu amistad.

PACIENCIA

Búsqueda sabia,
verdad absoluta,
madre del conocimiento,
hija de la soledad,
virtud anhelada,
raíz de los justos.
Paciencia, adóptame
como a un hijo.

IRA

Locura pasajera,
hermana mentirosa,
madre de la muerte,
madrastra infeliz,
puta encabronada,
amante celosa.
Ira, te exijo el
divorcio.

ENVIDIA

Amiga alcahueta,
madre cruel,
hermana del odio,
novia hipócrita,
hija de la muerte,
madrastra que finge afecto.
Envidia, no me cubras
con tu manto.

LLANTO

Hijo noble,
hermano sincero,
tío que sabe escuchar,
padre amoroso,
abuelo sabio.
Llanto, ven dame un
abrazo por caridad.

BONDAD

Hermana que da paz,
madre que sana heridas,
abuela sabia,
enemiga del mal,
amiga prudente,
hija hermosa.
Bondad, habitad
en mí.

NOSTALGIA

Hija huérfana,
madre ausente,
abuela sorda,
tía muerta,
novia infiel.
Nostalgia, ¿eres
hermana de la soledad?

A ESTAS INSTANCIAS

A estas instancias de
la vida he comprendido
que no existe la verdad,
sino verdades;

lo que equivaldría a decir
que la verdad podría estar
hecha de pequeñas
mentiras;

del mismo modo en que
la mentira podría estar
hecha de pequeñas
verdades;

también he comprendido
que existe la verdad
de la mentira y la mentira
de la verdad;

por ende esta verdad nos
lleva a concluir que no todo
es verdad y por consiguiente
no todo es mentira.

IDENTIDAD

Soy pregunta y respuesta
porque al preguntar por
el misterio oigo su silencio
y veo mi imagen.

Deseo la verdad
y soy ignorante ante
la duda. Pretendo llegar
a ella y siento su ausencia.

Toco la mentira
y me preocupa mi verdad.
Lloro la nostalgia
y soy más real en ella.

Entiendo el vacío
y digo mi verdad
salpicada de mentiras
y sueño que alcanzo

un poco de ella.
Trato de conocerme
y espero fielmente
ser yo mismo.

DEVUELVE LA VIDA, VIDA

Devuélveme la vida, Vida,
ya no sé quién soy;
devuélveme la vida, Vida,
estoy perdiendo la razón.

Devuélveme la vida, Vida,
Necesito encontrarme;
devuélveme la vida, Vida,
ya no debes fallarme.

Devuélveme la vida, Vida.

PADRE TIEMPO

No puedo medirte padre Tiempo
pues pasado ya no soy, y
el presente es lo que siento;

no puedo medirte padre Tiempo
pues antes uno fui, otro soy hoy, y
el futuro es incierto.

No puedo medirte padre Tiempo.

GRACIAS AMISTAD

Amistad, edificas un puente
entre la soledad y el presente,
creando alegrías, y haciendo
vivir el día a día.

Amistad, cubres la orfandad
de quienes nos sentimos solos,
otorgando felicidad, y lealtad
de alguno modo.

Amistad, gracias por...

PIEL MORENA

Amo la piel morena
porque me recuerda
a la abuela;

amo la piel morena
por el color de
mi tierra;

amo la piel morena
porque en ella habita
el alma buena.

Amo la piel morena

Poesía Religiosa

GRACIAS SEÑOR POR EL DOLOR

Perdona Padre, yo no entendía,
culpábate a ti, todo el día;
al no comprender mi dolor,
renunciaba a ti, mi Señor.

Dura la prueba me mandaste,
y al pensar que me fallaste,
te hice a un lado y me perdí;
creció el dolor y mi sufrir.

La verdad no comprendía;
mas Tú me diste sabiduría;
y ahora que el dolor paso,
yo te agradezco Mi Señor.

Hoy comprendo mi sufrimiento,
me hiciste fuerte, estoy contento;
mi fe es grande, la dicha única,
acepto el reto, bajo tu túnica.

Humilde llego a ti, Señor,
tomaré la vida sin temor;
no te culpo, por favor, perdón,
bendita la prueba y tu Amor.

VIRGEN MORENA

Morena hermosa,
de mirada piadosa,
sáname el alma,
sin prisa, con calma.

En noches serenas
alivia mis penas,
y pegado a tu manto,
evitaré mi llanto.

Virgen del Tepeyac
aquí frente tu altar,
prometo ser bueno,
como hijo sereno.

Virgen guadalupana,
te llevo en el alma,
y en este frío país
siempre pienso en ti.

Soy tu nuevo Juan Diego
todo un hijo bueno,
me enseñaron amarte
mis abuelas y el arte.

Cuida mis pasos
para evitar fracasos,
y el día que yo muera,
recogerás mi alma buena.

SAN SEBASTIÁN

Célebre mártir francés
admiro tu fe sagrada,
diste la vida en pie
con tu frente alzada.

Santo, San Sebastián,
agradecemos tu bondad,
diste la vida por nuestra fe,
hoy te veneramos como Rey.

Moriste a flechazos
con muchos rechazos,
defendiendo tu fe
diciendo: Amen.

El pueblo de Nochistlán
agradece tu lealtad,
y todos los veintes de enero
nos sentimos todos güeros.

VIRGEN DE TOYAHUA

Virgencita de Toyahua
fiel testiga de mi alma,
empecé a amarte
a través de los danzantes.

Todo el pueblo salía
a festejar tu lindo día
y emprendíamos el viaje
nomás para saludarte.

Tu cara linda y hermosa
tan bella como una rosa,
y la gente toda contenta
tocando hacia tu puerta.

Hoy acá en el exilio
te pedimos tu auxilio,
para mantener nuestra fe
y juntos poder decir: Amen.

SEÑOR MÍO

Señor mío, perdóname,
me estoy haciendo ateo,
he traicionado mi fe
por querer saber.

Tú que me diste el pensar
hoy te quiere traicionar,
y con este sentimiento
búscote y no te encuentro.

Es tanta tu Verdad
aquí frente tu altar,
mas esta representación
me hincha el corazón.

Te prometo buscarte
mejor con el corazón,
empezaré a amarte
y dejaré la razón.

JESUCRISTO

Jesucristo amado,
ayúdame a encontrarte,
te busco en todos lados
y pareces evitarme.

Busco al Jesús histórico
del pueblo de Israel,
mas es intento metódico,
pues no te dejas ver.

Busco al Jesús bíblico
entre metáforas y parábolas,
mas no te veo y claudico,
la Verdad de sus palabras.

Busco al Jesús espiritual,
entre mi alma y mis acciones
y al verte frente al altar
despiertan mis emociones.

Jesucristo, Alma dorada,
perdona mi gran error,
todo el tiempo Tú estabas
en mi humilde corazón.

CPSIA information can be obtained
at www.ICGtesting.com
Printed in the USA
BVHW031641150419
545553BV00008B/37/P

9 781506 528649